Inhalt

Augmented Reality

Kernthesen

Beitrag

Fallbeispiele

Weiterführende Literatur

Impressum

Augmented Reality

I. Zeilhofer-Ficker

Kernthesen

- Augmented Reality, also erweiterte Realität, beschreibt eine neue Form der Interaktion zwischen Mensch und Technik.
- Neben Großunternehmen des Automobil- und Flugzeugbaus erwarten sich gerade mittelständische Maschinenbauer von der Realisierung von Augmented Reality im Service- und Diagnosebereich eine wesentliche Stärkung im globalen Markt.
- Weit fortgeschritten ist die Entwicklung von AR-Lösungen für die Entwicklung, die Produktion und den Service in Industrieanwendungen.
- Weitere Einsatzgebiete von AR sind der medizinische Bereich sowie Alltagssituationen wie zum Beispiel der

Einkauf oder eine Stadtbesichtigung.
- In der Bundesrepublik läuft das Projekt ARVIKA, in dem Techniken der Augmented Reality in Entwicklung, Produktion und Service erforscht und realisiert werden.

Beitrag

Professor Michael Dertouzos, der Computerpionier des Massachusetts Institute of Technologie (MIT) ist der Ansicht, dass 95 Prozent der digitalen Revolution noch vor uns liegen und die Möglichkeiten der bereits heute existierenden technischen Entwicklungen noch lange nicht ausgeschöpft sind. (1)

Augmented Reality ist eine der wichtigen Schlüsseltechnologien der Zukunft, die Entwicklungs-, Produktions-, Montage- und Wartungsprozesse revolutionieren wird. Davon sind Experten aus Industrie und Wissenschaft überzeugt. So war Augmented Reality (AR) oder auch erweiterte Realität Thema wichtiger Kongresse und Konferenzen im Herbst 2002. Bei der Eurographics in Saarbrücken wurde das Thema ausführlich diskutiert, auf der ISMAR 2002 in Darmstadt wurden technische Neuentwicklungen für AR-Lösungen vorgestellt und erläutert. (2), (3), (4) Die ISWC 2002 in Seattle nahm sich dem Aspekt der tragbaren Mini-Computer für

AR an und die Internationale Statustagung "Virtuelle und Erweiterte Realität" in Leipzig stellte Entwicklungen für die verschiedenen Anwendungsgebiete vor. (5), (6)

Abgrenzung von Augmented Reality

Virtual Reality

Die Technologie der Virtual Reality, also der virtuellen Visualisierung ist mittlerweile so weit ausgereift, dass sie auch schon von vielen mittelständischen Unternehmen, hauptsächlich für die Entwicklung neuer Produkte, genutzt wird. Durch 3D-Brillen begutachtet man ein virtuelles Bild, das basierend auf normalen Konstruktionsdaten von der VR-Software berechnet, visualisiert und simuliert und von zwei DLP-Projektoren dreidimensional erzeugt wird. Ein Präzisions-Trackingsystem an der Brille erkennt die Blickposition des Betrachters, wodurch die Anpassung des virtuellen Bildes an die Blickrichtung gesteuert wird. Man kann sich also frei in und um virtuelle Objekte bewegen, ja sogar Abläufe oder Szenerien interaktiv beeinflussen.

Konstruktionsfehler werden auf diese Weise sehr früh im Entwicklungsprozess entdeckt und verbessert, die Konstruktionszeit wird wesentlich verkürzt und Entwicklungskosten gespart. (7)

Mixed Reality

In Nachteil der VR-Technik ist oft, dass der Betrachter den Bezug zur Realität verliert oder gar nicht erst herstellen kann, was zu einer Fehlinterpretation von beispielsweise Größe oder Form oder Material führen kann. Hier setzen die Möglichkeiten der Mixed-Reality an, in der künstlich erzeugte 3D-Objekte mit realer Umgebung oder wirklichen Objekten vermischt werden. (8)

Augmented Reality

Für die Anwendung von Augmented Reality ist zwar auch eine Datenbrille notwendig, diese arbeitet aber interaktiv. Betrachtet ein Monteur beispielsweise ein Bauteil, werden ihm durch die Datenbrille Informationen zu dem Bauteil eingeblendet. Wendet er seinen Blick einem anderen Teil zu, so ändern sich auch die eingeblendeten Informationen. Es können natürlich nicht nur Daten in Form von Wörtern, Zahlen oder Symbolen übermittelt, sondern auch virtuell erzeugte Bilder über die realen Objekte gelegt werden. Ein Beispiel dafür ist der direkte Vergleich von errechneten Ergebnissen einer Computersimulation mit dem tatsächlichen Ergebnis eines Crash-Tests. Dabei wird das errechnete 3D-Bild des zu erwartenden Schadens über das reelle Bild gelegt, wodurch die Abweichungen sofort und im Detail ersichtlich sind. (2), (9)

Die Augmented Reality mischt also auch virtuelle mit realen Informationen, Ausgangspunkt ist aber das reale Objekt oder die reale Umgebung, die mit virtuellen Informationen "angereichert" wird.

Obwohl die Interaktion heutzutage fast ausschließlich über visuell eingeblendete Daten stattfindet, ist die Kommunikation mit dem System auch über Sprache, Gesten oder Handgriffe denkbar. AR ist also die Mischung von menschlicher Wahrnehmung mit computergenerierten Informationen. Es werden reale und virtuelle Welt kombiniert, die Interaktion Mensch - System findet in Echtzeit statt und die dreidimensionale Synchronisation zwischen virtuellen Objekten und Realität wird laufend vorgenommen.

Die Technik

Die Datenbrille ist (noch) der zentrale Baustein des AR-Systems. Die integrierte Kamera liefert die notwendigen Daten über die reale Welt an das Basissystem, zurückkommende Informationen werden im Display der Datenbrille angezeigt. Dabei sorgt ein Tracking-System dafür, dass die Position des Brillenträgers zum Objekt kontinuierlich errechnet und weitergegeben wird. Die Datenbrille ist mit einem Laptop oder einem "Wearable" genannten Mini-Computer vernetzt. Zur Vorhaltung von umfangreichen Datenmengen wie beispielsweise dem Inhalt von Montage- oder Wartungshandbüchern werden Server eingesetzt, die über einen Web-Pad kommunizieren. Die Software regelt die Kommunikation zwischen Server, Kamera, Datenbrille und Web-Pad, das Basissystem, das ebenfalls auf Internet-Techniken aufbaut, übernimmt die Abstimmung von realer Welt und virtueller Information. (10)

Wirklich optimale Arbeitsergebnisse sind erst zu erwarten, wenn die Kommunikation zwischen Mensch und Technik über Sprache erfolgen kann. Es wird deshalb intensiv mit Sprachausgabe und Spracherkennung experimentiert. (10) In der Erprobung ist auch eine elektronische Brille, die das

Auge selbst als Sensor und Empfänger von weitergehenden Informationen nutzt. (2)

Anwendungsgebiete

Im Servicebereich

Der mögliche Einsatzbereich von AR-Systemen ist nahezu grenzenlos. Mit Hochdurck wird an Lösungen für den Einsatz im Montage-, Service-, Reparatur- und Wartungsbereich gearbeitet. Mit AR kann der Monteur beim Aufbau von komplexen Geräten oder Maschinen geführt und unterstützt, die Bedienung der Maschine über AR erklärt und gezeigt werden. Tritt ein Fehler auf kann mit Hilfe von AR die Fehlerdiagnose durchgeführt und das defekte Teil erkannt werden. Der Servicemitarbeiter kann mit AR Schritt für Schritt durch das Wartungsprogramm geleitet werden. Kommt der Servicemann vor Ort trotz der eingespielten Informationen nicht zurecht, kann er über Bildtelefon Kontakt zu einem Experten aufnehmen, der weitere Hilfestellung gibt. Dieser Aspekt ist vor allem für deutsche Werkzeugmaschinenhersteller von Bedeutung, da sie durch die AR-Technik globale Hilfestellung anbieten können, ohne in dem jeweiligen Land verfügbar sein zu müssen. (2), (9)

In der Entwicklung und Produktion

Vor allem die großen Flugzeug- und Automobilhersteller nutzen die erweiterte Realität bereits für die Simulation von Prototypen sowie für den Vergleich von Crash-Test-Ergebnissen mit Computersimulationen. Im Mixed-Mock-up-Verfahren wird beispielsweise der haptische Eindruck über reale Objekte oder Teile vermittelt und mit virtuellen Bildern kombiniert. (2), (9)

Im Fertigungsprozess beweist AR seine Vorteile vor allem in der kritischen Anlaufphase von Montageprozessen. Der Monteur wird bereits in der Trainingsphase durch AR in die einzelnen Arbeitsschritte eingewiesen. Der Vergleich von Simulationsergebnissen der Fertigungsplanung mit realen Montageabläufen führt zur Prozessoptimierung und die Qualität der Arbeitsplanung wird verbessert. (9)

In der Medizin

Auch im medizinischen Bereich wird bereits mit der erweiterten Realität experimentiert. So können beispielsweise dem operierenden Arzt über AR Patientendaten oder Informationen über weitere Operationsschritte geliefert werden. Dem Patienten kann mit Hilfe von erweiterter Realität das Vorgehen bei chirurgischen Eingriffen realistisch erklärt und besser verständlich gemacht werden. (11)

Im täglichen Leben

Ob man sich nun vorstellt, dass die Bedienungsanleitung eines neuen Video-Recorders per Datenbrille eingespielt wird, oder ob man beim Shopping auf Vergleichspreise oder Testergebnisse Zugriff hat, die Möglichkeiten scheinen grenzenlos. Man wird als Tourist mittels AR durch eine Stadt geführt und bekommt nicht nur historische Daten und Fakten geliefert, sondern auch Projektionen, wie ein Platz oder ein Gebäude vor hunderten von Jahren ausgesehen hat. (2)

Beim Möbelkauf kann man sich die neue Sofagarnitur virtuell ins Wohnzimmer stellen lassen, man kann schon vorab sehen, wie das geplante neue Haus in der realen Umgebung wirken wird. Zugegeben, das hört sich alles noch sehr futuristisch an, tatsächlich wird aber bereits an Entwicklung einer Kombination von PDAs mit AR gearbeitet. (2), (6)

Das ARVIKA-Projekt

Im Jahr 1999 hat sich ein Konsortium aus Anwendern der Flugzeug- und Automobilindustrie, von Vertretern der Werkzeug- und Produktionsmaschinenbranche, von Spezialisten für Realtime Tracking und IT-Technologien sowie Siemens als Systemintegrator und Konsortialleiter zusammengeschlossen, um gemeinsam an Augmented-Reality-Technologien zur Unterstützung von Arbeitsprozessen in Entwicklung, Produktion und Service zu forschen und zu arbeiten. (9)

Das Projekt hat einen Etat von gut 21 Millionen Euro, der etwa zur Hälfte vom Bundesforschungsministerium getragen wird. Damit ist das Projekt einmalig in der Welt; die deutsche Führung in der Entwicklung von Augmented-Reality-Technologien ist rund um den Globus anerkannt. (2)

Fallbeispiele

Erfahrungen mit den Augmented-Reality-Technologien haben die teilnehmenden Unternehmen am ARVIKA-Projekt: Siemens als Systemintegrator und Konsortialleiter, BMW, DaimlerChrysler, VW, AUDI und Ford aus der Automobil-, EADS und Airbus aus der Flugzeugindustrie. Die Werkzeug- und Produktionsmaschinenbranche ist durch DS Technologie, Hüller-Hille, Gühring, Index, Ex-Cell-O vertreten, die Kraftwerks- und Prozessindustrie durch Framatome ANP. Von der Technologie-Seite wird das Projekt durch Unternehmen wie VRCom, UID, Zeiss und A. R. T. vertreten und wissenschaftlich unterstützt vom FhG-IGD, Darmstadt, ZGDV Darmstadt, der TU München sowie vom Werkzeugmaschinenlabor WZL und dem Institut für Arbeitswissenschaften IAW der RWTH, Aachen. (9)

Professor Georgios Sakas wurde kürzlich für seine Leistungen auf dem Gebiet der computerunterstützten Krebstherapie mit dem "Brachytherapy Award" ausgezeichnet. Professor Sakas nutzt für seine Arbeit die Möglichkeiten der Augmented Reality. (11)

Der Münchner Christian Patron wurde nicht nur als Teilnehmer des Münchner Business Plan Wettbewerbs prämiert, sondern erhielt im Oktober auch den ersten Preis beim IT-Existenzgründerwettbewerb in Sachsen. Patron vermarktet Augmented Solutions - er vermischt mittels spezieller Software digitale und reale Informationen für unterschiedliche Anwender. (13)

Die Hauptausstellung "Hidden Worlds" im Ars Electronica Center bot den Besuchern erste Erfahrungen mit der Augmented Reality. Hier wurde das Thema nicht von der ernsten, sondern durchaus von der humorvollen Seite aus beleuchtet. (14)

Weiterführende Literatur

(1) Digitale Denkweise
aus Automobil Entwicklung, Heft 5/2002, S. 100

(2) Blum, Wolfgang, Echter als echt, Süddeutsche Zeitung, 03.09.2002, Ausgabe Deutschland, S. 19
aus Automobil Entwicklung, Heft 5/2002, S. 100

(3) http://www.ismar2002.org - Program
aus Automobil Entwicklung, Heft 5/2002, S. 100

(4) Am Heeresgerät vergriffen
aus Frankfurter Allgemeine Zeitung, 08.10.2002, Nr. 233, S. L27

(5) http://iswc.tinmith.net - Program
aus Frankfurter Allgemeine Zeitung, 08.10.2002, Nr. 233, S. L27

(6) http://Informatiksysteme.pt-it.de/vr-ar-2 - Tagungsprogramm
aus Frankfurter Allgemeine Zeitung, 08.10.2002, Nr. 233, S. L27

(7) Visintin, Gabriele, Stuttgarter Simulations-Spezialisten treten als Dienstleister auf - Virtuelle Welt ist für kleine Betriebe zugänglich, Industrieanzeiger vom 14.10.02, Heft 42, 2002, S. 81
aus Frankfurter Allgemeine Zeitung, 08.10.2002, Nr. 233, S. L27

(8) Virtuelle Wünsche
aus Automobil Entwicklung, Heft 5/2002, S. 94

(9) http://www.arvika.de
aus Automobil Entwicklung, Heft 5/2002, S. 94

(10) Kelch, Johannes, Erste Erkenntnisse des Arvika-Konsortiums - Virtual Reality in Fabrik und Service, COMPUTERWOCHE Nr. 18 vom 04.05.2001, S. 38
aus Automobil Entwicklung, Heft 5/2002, S. 94

(11) Hochschule & Forschung
aus Frankfurter Rundschau v. 26.09.2002, S.44, Ausgabe: R Region

(12) Intuitiv Geräte bedienen, Computer Zeitung vom 19.08.2002, Heft 34, S. 8

aus Frankfurter Rundschau v. 26.09.2002, S.44,
Ausgabe: R Region

(13) Kellner, Nicolas, Die Stars sind bescheiden geworden - aber: Die New Economy lebt, Welt am Sonntag, Jg. 53, 13.10.2002, Nr. 41, S. 30
aus Frankfurter Rundschau v. 26.09.2002, S.44,
Ausgabe: R Region

(14) Hidden worlds: Fantastisch spielerische Geisterwelten - "Plug In" im Ars Electronica Center - Die Welt neben der Welt unter der Welt, Oberösterreichische Nachrichten, 29.08.2002
aus Frankfurter Rundschau v. 26.09.2002, S.44,
Ausgabe: R Region

Impressum

Augmented Reality

Bibliografische Information der deutschen Nationalbibliothek

Die Deutsche Nationalbibliothek verzeichnet diese Publikation in der deutschen Nationalbibliografie; detaillierte bibliografische Daten sind im Internet über http://dnb.d-nb.de abrufbar.

ISBN: 978-3-7379-1019-4

© 2015 GBI-Genios Deutsche Wirtschaftsdatenbank GmbH, Freischützstraße 96, 81927 München, www.genios.de

Alle Rechte vorbehalten. Dieses Werk ist einschließlich aller seiner Teile – z.B. Texte, Tabellen und Grafiken - urheberrechtlich geschützt. Jede Verwertung außerhalb der Grenzen des Urheberrechtsgesetzes bedarf der vorherigen Zustimmung des Verlags. Dies gilt insbesondere auch für auszugsweise Nachdrucke, fotomechanische Vervielfältigungen (Fotokopie/Mikroskopie), Übersetzungen, Auswertungen durch Datenbanken oder ähnliche Einrichtungen und die Einspeicherung und Verarbeitung in elektronischen Systemen.